Padres Narcisistas: El Desafío de Ser Hijo o Hija de un Padre Narcisista, y Cómo Superarlo. Una Guía para Sanar y Recuperarse Después del Abuso Encubierto

Publicaciones Alejandría

Published by Digital Mind, 2024.

PADRES NARCISISTAS: EL DESAFÍO DE SER HIJO O HIJA DE UN PADRE NARCISISTA, Y CÓMO SUPERARLO. UNA GUÍA PARA SANAR Y RECUPERARSE DESPUÉS DEL ABUSO ENCUBIERTO

First edition. February 4, 2024.

Copyright © 2024 Publicaciones Alejandría.

ISBN: 979-8224784004

Written by Publicaciones Alejandría.

Also by Publicaciones Alejandría

Aprende a Administrar el Dinero: Educación Financiera desde Niños o Adolescentes. Cómo enseñar a tus hijos a Ahorrar, Gastar e Invertir de Forma Inteligente
Hipnosis Extrema de Pérdida de Peso Rápida para Mujeres: Aprende como Perder Peso con Hipnosis y Poder Mental
Madres Narcisistas: La Verdad sobre ser Hija de una Madre Narcisista y Cómo Superarlo. Una Guía para Sanar y Recuperarse tras el Abuso Narcisista.
Padres Narcisistas: El Desafío de Ser Hijo o Hija de un Padre Narcisista, y Cómo Superarlo. Una Guía para Sanar y Recuperarse Después del Abuso Encubierto

Tabla de Contenido

Introducción

Bienvenido al viaje de explorar uno de los fenómenos más complejos y perturbadores que puede afectar la dinámica familiar: el narcisismo parental. Este libro se sumerge en las profundidades de este tema delicado y, a menudo, subestimado, con el objetivo de arrojar luz sobre los patrones de comportamiento narcisistas que impactan directamente en la crianza y el desarrollo emocional de los hijos.

En el tejido mismo de la parentalidad, donde se espera que florezca el amor incondicional y el apoyo, el narcisismo parental introduce una dinámica distorsionada. Los padres narcisistas, con su deseo insaciable de atención, falta de empatía y manipulación emocional, tejen una red compleja que puede dejar cicatrices profundas en la autoestima y el bienestar psicológico de sus hijos.

A lo largo de estas páginas, exploraremos no solo las características del narcisismo parental, sino también sus manifestaciones concretas en el día a día. Desde la competencia desmedida con los propios hijos hasta la incapacidad de reconocer las necesidades emocionales de estos, examinaremos cómo estos patrones de comportamiento afectan la salud mental y emocional de los hijos, influyendo en su capacidad para forjar relaciones saludables en el futuro.

A medida que nos adentramos en este análisis, también proporcionaremos herramientas prácticas para identificar y enfrentar el narcisismo parental. Desde el establecimiento de límites saludables hasta la búsqueda de apoyo emocional y la exploración de opciones terapéuticas, este libro busca ser un faro de conocimiento y guía para aquellos que enfrentan el desafío único de tener padres narcisistas.

A través de historias de resiliencia, consejos prácticos y la orientación de profesionales en el campo, aspiramos a ofrecer no solo una comprensión más profunda de este fenómeno, sino también un camino hacia la curación y la construcción de una vida plena y consciente.

Únete a nosotros en este viaje de comprensión, sanación y empoderamiento mientras desentrañamos los complejos hilos del narcisismo parental y exploramos la posibilidad de un futuro más saludable y equilibrado para aquellos que han sido impactados por esta realidad desafiante.

Capítulo 1: Definición y Características del Narcisismo

En el viaje hacia la comprensión profunda del complejo fenómeno del narcisismo en los adultos, nos adentramos en el corazón mismo de sus fundamentos psicológicos. Este primer capítulo sirve como puerta de entrada a un análisis minucioso del narcisismo, explorando sus raíces en la psicología, sus dimensiones y las manifestaciones específicas que se manifiestan en las dinámicas adultas.

1.1. El Narcisismo en la Psicología

En el intrincado universo de la psicología, el narcisismo se erige como un fenómeno fascinante y, a menudo, desafiante de comprender. Este constructo psicológico, arraigado en la mitología griega con el mito de Narciso, ha encontrado su camino en las teorías y prácticas de la psicología moderna, proporcionando una lente a través de la cual examinamos patrones de comportamiento y dinámicas relacionales. Al adentrarnos en la definición y características del narcisismo, se revela un tapiz complejo de autopercepción, interacción social y, en el contexto que aquí exploramos, la dinámica peculiar de la parentalidad narcisista.

Definiendo el Narcisismo: Más Allá del Reflejo Mitológico. En su esencia, el narcisismo en psicología se refiere a un patrón de rasgos de personalidad caracterizado por la centración excesiva en uno mismo, la búsqueda constante de admiración y una falta de empatía hacia las necesidades y experiencias de los demás. La raíz del término proviene de Narciso, el joven de la mitología griega que quedó enamorado de su propia imagen reflejada en un estanque. Si bien el mito mitológico describe una fijación literal en la imagen, el narcisismo psicológico abarca una gama más amplia de comportamientos y actitudes arraigados en la autoadmiración.

Características del Narcisismo: Un Vistazo a la Dinámica Interna. Las características del narcisismo, cuando se manifiestan en la personalidad, pueden crear un conjunto distintivo de comportamientos observables. La búsqueda constante de admiración es una de las piedras angulares, manifestándose en un deseo insaciable de atención y validación. La falta de empatía, otro componente central, se traduce en una incapacidad para conectarse emocionalmente con los demás, priorizando las propias necesidades sobre las de los demás.

La autoestima frágil, paradójicamente cubierta por una fachada de grandiosidad, marca otro rasgo característico. La vulnerabilidad subyacente lleva a una susceptibilidad extrema a la crítica, lo que puede resultar en respuestas defensivas o incluso agresivas para proteger la imagen idealizada de uno mismo.

Dimensiones del Narcisismo: No Hay Uno, Sino Varios Matices. Es importante destacar que el narcisismo no es un fenómeno homogéneo; más bien, se presenta en varias dimensiones. El narcisismo grandioso, por un lado, se caracteriza por una autoevaluación inflada y la creencia en la propia superioridad. Por otro lado, el narcisismo vulnerable revela una fachada de grandiosidad que oculta una autoestima frágil y una profunda sensación de vergüenza interna.

Narcisismo en la Parentalidad: El Desafío de Criar desde el Ego. Cuando trasladamos estas características al ámbito de la parentalidad, se desentraña un escenario complejo y a menudo perjudicial. Un padre narcisista puede percibir a sus hijos como extensiones de sí mismo, buscando cumplir sus propias necesidades de validación a través de los logros y éxitos de la prole. La falta de empatía puede traducirse en una incapacidad para reconocer y satisfacer las necesidades emocionales genuinas de los hijos, lo que crea un entorno emocionalmente carente.

El Desafío de Establecer Conexiones Saludables: Impacto en la Relación Parento-Infantil. La relación entre un padre narcisista y su hijo puede convertirse en un campo de batalla emocional. El niño, ávido de amor y reconocimiento, puede encontrarse atrapado en un ciclo de búsqueda constante de la aprobación parental. Sin embargo, la falta de empatía y la búsqueda de admiración del padre narcisista pueden generar una dinámica dolorosa de invalidación y desestimación de las necesidades emocionales legítimas del niño.

Este desafío en la formación de conexiones saludables puede tener consecuencias duraderas en el desarrollo emocional del niño, afectando la autoestima, la capacidad de establecer relaciones significativas y la comprensión de lo que significa experimentar un amor genuino y no condicional.

La Psicología del Narcisismo en la Parentalidad: Un Espejo para la Reflexión. Al explorar el narcisismo en la psicología y su manifestación en la parentalidad, nos sumergimos en las complejidades de la autoimagen, las relaciones y el impacto duradero en la dinámica familiar. Este análisis no busca simplificar ni estigmatizar, sino más bien invitar a una reflexión profunda sobre las dinámicas que pueden afectar el entorno en el que los niños crecen y se desarrollan. El narcisismo en la parentalidad es un espejo que refleja desafíos y complejidades, y es a través de la comprensión y la conciencia que podemos comenzar a desentrañar sus capas y buscar caminos hacia la sanación.

1.2. Manifestaciones del Narcisismo en la Parentalidad

Explorar el narcisismo en la parentalidad implica adentrarse en las manifestaciones concretas de este fenómeno en la dinámica familiar. Estas manifestaciones, tejidas en el tejido de la crianza, crean un entorno que impacta profundamente en el desarrollo emocional de los hijos. Al examinar de cerca estas manifestaciones, se revela un paisaje complejo de comportamientos que se manifiestan de maneras específicas y a menudo sutiles.

1. **Validación Condicionada: El Espejismo del Amor Incondicional.**

Una de las manifestaciones más destacadas del narcisismo en la parentalidad es la validación condicionada. En lugar de ofrecer un amor incondicional, el padre o madre narcisista tiende a validar al niño solo en función de sus logros o de cómo esos logros reflejan positivamente al progenitor. Esto crea un espejismo de aceptación, donde el amor y la validación son transitorios y dependen del rendimiento del niño, generando un sentido distorsionado de autovalía.

2. **Competencia Desmedida: La Carrera por la Admiración.** El deseo constante de admiración por parte del narcisista puede llevar a una competencia desmedida con los propios hijos. En lugar de fomentar un ambiente de apoyo y crecimiento mutuo, el padre narcisista ve a sus hijos como rivales potenciales. Esta dinámica competitiva puede manifestarse en comparaciones constantes, desestimación de los logros del niño o incluso en la apropiación de los éxitos infantiles para satisfacer la necesidad insaciable de reconocimiento propio.

3. **Manipulación Emocional: La Sutil Técnica del Control.** La manipulación emocional se convierte en una herramienta hábil en manos del padre narcisista. Con una habilidad maestra para leer las necesidades y deseos del niño, el narcisista utiliza la manipulación emocional para mantener un control sutil pero firme. Esta manipulación puede manifestarse en formas diversas, desde la victimización hasta el despliegue estratégico de emociones para obtener lo que desean. Los niños, atrapados en este juego, pueden experimentar confusión y culpa, sin comprender completamente las fuerzas que actúan sobre ellos.

4. **Desestimación de las Necesidades del Niño: Un Eco Silenciado.** Las necesidades emocionales y psicológicas genuinas del niño a menudo son desestimadas en el entorno narcisista. La falta de empatía del padre narcisista impide una conexión real con las experiencias y necesidades del hijo. El niño puede sentir que sus emociones son trivializadas o ignoradas, creando un vacío emocional que impacta la percepción de sí mismo y sus habilidades para establecer relaciones significativas.

5. **Imposición de Expectativas Irrealistas: El Peso de las Expectativas Inalcanzables.** El narcisista, impulsado por su propia búsqueda de grandeza, puede imponer expectativas irrealistas sobre sus hijos. La

presión constante para alcanzar estándares inalcanzables puede resultar en una carga abrumadora para el niño. Este peso de expectativas poco realistas puede tener consecuencias significativas en el desarrollo del autoconcepto del niño, llevándolo a sentir que nunca puede cumplir con las demandas exageradas del progenitor.

6. **Uso de la Culpa como Herramienta de Control: Cadenas Invisibles**. La manipulación narcisista a menudo se vale de la culpa como una herramienta efectiva de control. El niño puede encontrarse encadenado por la culpa, una emoción hábilmente manipulada para mantener la lealtad y la sumisión. El narcisista, consciente o inconscientemente, utiliza esta táctica para asegurarse de que el niño permanezca en un papel de cuidador o proveedor de necesidades emocionales del progenitor, perpetuando así la dinámica narcisista.

Capítulo 2: Impacto en los Hijos

El vínculo entre padres e hijos es fundamental para el desarrollo emocional y psicológico de estos últimos. Cuando este vínculo se ve afectado por el narcisismo parental, las consecuencias pueden ser significativas y duraderas. En este segundo capítulo, exploraremos de cerca cómo el narcisismo de los padres impacta a sus hijos, dejando huellas emocionales que perduran a lo largo del tiempo.

2.1 Efectos Emocionales y Psicológicos del Impacto en los Hijos

Adentrémonos en el intrincado tejido de cómo la dinámica de padres narcisistas deja una huella profunda en el mundo emocional y psicológico de los hijos.

Cuando los padres están envueltos en el velo del narcisismo, los efectos emocionales en los hijos pueden ser significativos. Uno de los impactos más notables es el desarrollo de la autoestima. Los niños que crecen bajo la sombra de padres narcisistas a menudo enfrentan desafíos para construir una imagen positiva de sí mismos. La constante búsqueda de validación de los padres puede dejar a los hijos sintiéndose insuficientes y cuestionando su propio valor.

La relación entre el niño y el padre narcisista también puede afectar la capacidad del primero para establecer relaciones saludables en el futuro. La necesidad crónica de atención y la competencia constante pueden sembrar semillas de inseguridad, haciendo que los hijos tengan dificultades para confiar en los demás y establecer conexiones significativas.

El manto del narcisismo parental a menudo da forma a la percepción que los hijos tienen de sí mismos. La constante búsqueda de la aprobación de un padre narcisista puede llevar a la internalización de un diálogo interno negativo. Los hijos pueden adoptar una autocrítica implacable, buscando constantemente la perfección para obtener ese destello de aprobación que raramente llega.

A nivel psicológico, los hijos de padres narcisistas pueden enfrentar desafíos en el desarrollo de habilidades de afrontamiento. La falta de apoyo emocional y la centración en las necesidades del padre pueden dejar a los hijos sintiéndose solos en medio de las dificultades. Esto puede resultar en una capacidad limitada para manejar el estrés y las adversidades de la vida.

La manipulación emocional, una táctica frecuente en la interacción con padres narcisistas, también deja su marca. Los hijos pueden desarrollar una sensibilidad extrema a las señales emocionales de los demás, como resultado de haber estado constantemente alerta a las necesidades cambiantes de sus padres. Esto puede conducir a la hipervigilancia emocional y a una preocupación constante por el bienestar de los demás, a veces en detrimento de sus propias necesidades.

La falta de límites claros en la dinámica con un padre narcisista también puede tener consecuencias negativas. Los hijos pueden experimentar dificultades para establecer límites saludables en sus relaciones y pueden encontrarse atrapados en patrones de codependencia, buscando constantemente la aprobación y la validación externa.

Estos efectos emocionales y psicológicos son solo pinceladas de la complejidad que rodea la crianza bajo la sombra del narcisismo parental. Los

10

hijos, moldeados por estas dinámicas, llevan consigo las cicatrices invisibles que afectan su bienestar emocional y la forma en que se relacionan consigo mismos y con el mundo que los rodea.

2.2 Desarrollo de la Autoestima en Niños de Padres Narcisistas

Este viaje nos lleva a comprender cómo la interacción con un progenitor con rasgos narcisistas puede moldear la percepción que los niños tienen de sí mismos, marcando un sendero complejo hacia la construcción de una autoimagen saludable.

En el terreno de la autoestima, los niños de padres narcisistas a menudo enfrentan desafíos significativos. La constante necesidad de validación de los padres puede sembrar las semillas de la duda y la inseguridad en el corazón del niño. La autoestima, ese cimiento esencial para la confianza en uno mismo, puede verse socavada cuando la atención y el elogio son condicionales y esquivos.

El elogio selectivo es una herramienta de crianza común en hogares con un padre narcisista. Los niños pueden encontrar que la aprobación de sus padres está vinculada estrechamente a los logros externos y a la capacidad de cumplir con las expectativas poco realistas. Este enfoque condicional puede generar una autoestima frágil y dependiente de la aprobación externa.

La falta de reconocimiento genuino de los logros individuales también impacta la autoevaluación de los niños. Cuando los éxitos son eclipsados por las necesidades de los padres, los hijos pueden internalizar la creencia de que nunca son lo suficientemente buenos. Este patrón de pensamiento puede persistir en la vida adulta, afectando la forma en que enfrentan desafíos y buscan la validación en diversas áreas.

La competencia constante con los padres narcisistas por la atención y la aprobación puede llevar a una comparación constante con los demás. Los niños pueden internalizar la creencia de que su valía está directamente relacionada con su capacidad para destacar entre la multitud. Este enfoque comparativo puede generar una autoevaluación distorsionada, donde la valía personal se mide en términos de superioridad sobre los demás.

El ciclo de búsqueda de aprobación y validación puede convertirse en una constante en la vida de estos niños. La autoestima puede estar vinculada de manera intrincada a la respuesta externa, creando una vulnerabilidad ante las críticas y una necesidad insaciable de reconocimiento. La incapacidad para encontrar seguridad en la propia valía, independientemente de la aprobación externa, se convierte en una carga emocional.

El impacto en el desarrollo de la autoestima es un aspecto sensible y crucial al explorar cómo los niños de padres narcisistas navegan por el complejo mundo emocional. Este análisis nos lleva a reflexionar sobre la importancia de fomentar un entorno donde la autoestima pueda florecer de manera saludable, lejos de las sombras del narcisismo parental.

Capítulo 3: Patrones de Comportamiento Narcisista en la Parentalidad

En el viaje de comprender el impacto de los padres narcisistas en sus hijos, es crucial examinar de cerca los patrones de comportamiento específicos que caracterizan esta forma de crianza. Este tercer capítulo se sumerge en las dinámicas diarias que definen la relación entre padres narcisistas e hijos, explorando cómo estas conductas influyen en el desarrollo emocional y psicológico de los más pequeños.

3.1. Manipulación Emocional en la Parentalidad Narcisista

Aquí nos encontramos con un aspecto profundamente arraigado y potencialmente perjudicial: la manipulación emocional y como ésta se teje en las interacciones diarias entre padres narcisistas y sus hijos.

La manipulación emocional, en el contexto de la parentalidad narcisista, se manifiesta de maneras diversas pero poderosas. Uno de los elementos clave es la utilización de las emociones de los hijos como herramienta para mantener el control. Los padres narcisistas, en su búsqueda constante de validación y atención, pueden recurrir a tácticas sutiles para influir en las emociones de sus hijos, creando un terreno emocional inestable.

Un método común de manipulación emocional es la culpabilización. Los padres narcisistas, maestros hábiles en el arte de desviar responsabilidades, pueden hacer que sus hijos se sientan culpables por expresar necesidades o deseos que compitan con las demandas del progenitor. Esta táctica crea un ambiente donde los hijos pueden dudar de la legitimidad de sus propias emociones, perpetuando un ciclo de manipulación sutil pero efectiva.

La victimización es otra estrategia empleada con frecuencia. Los padres narcisistas pueden retratarse a sí mismos como víctimas, haciendo que los hijos sientan la carga de satisfacer sus necesidades emocionales. Este papel de víctima no solo desvía la atención de las responsabilidades parentales, sino que también manipula las emociones de los hijos al generar una sensación de obligación y culpa.

La invalidación emocional es un componente adicional de la manipulación en la parentalidad narcisista. Los padres pueden minimizar o ignorar las emociones legítimas de sus hijos, desestimando sus sentimientos y experiencias. Esta invalidación crea un ambiente donde los hijos pueden comenzar a cuestionar la validez de sus propias emociones, contribuyendo a la confusión emocional y a la búsqueda constante de aprobación.

La manipulación emocional también puede manifestarse a través de la fluctuación entre la sobrevaloración y la devaluación. Los padres narcisistas pueden alternar entre el elogio excesivo y la crítica implacable, creando un estado emocional volátil en los hijos. Este patrón puede dejar a los niños buscando constantemente la validación, nunca seguros de dónde se encuentran en la escala de la aprobación parental.

La manipulación emocional en la parentalidad narcisista deja cicatrices invisibles en el mundo emocional de los hijos. La confusión emocional, la duda de sí mismos y la necesidad constante de satisfacer las demandas emocionales de los padres son algunas de las secuelas que pueden perdurar en la vida adulta. Al explorar este aspecto, arrojamos luz sobre cómo la manipulación emocional puede convertirse en un componente intrínseco de la crianza narcisista y sus efectos duraderos en el bienestar emocional de los hijos.

3.2. Falta de Empatía en la Parentalidad Narcisista

Dentro de la trama compleja de los patrones de comportamiento narcisista en la crianza, existe un elemento central y revelador: la falta de empatía. Esta carencia afecta las interacciones diarias entre padres narcisistas y sus hijos, dejando una marca profunda en el tejido mismo de la relación parental.

La falta de empatía en la parentalidad narcisista se manifiesta en la incapacidad de los padres para conectarse emocionalmente con las experiencias y necesidades de sus hijos. En lugar de responder con sensibilidad a las emociones de los hijos, los padres narcisistas pueden enfocarse de manera desproporcionada en sus propias necesidades y deseos, creando un desequilibrio emocional en la dinámica familiar.

Uno de los aspectos más evidentes de esta falta de empatía es la dificultad para reconocer y responder a las señales emocionales de los hijos. Los padres narcisistas, envueltos en sus propias preocupaciones y deseos, pueden pasar por alto las necesidades emocionales legítimas de sus hijos. Esta falta de reconocimiento puede dejar a los hijos sintiéndose no entendidos y solos en sus luchas emocionales.

La falta de validación emocional es otra consecuencia de la falta de empatía en la crianza narcisista. Los hijos pueden experimentar dificultades para expresar sus emociones de manera abierta, temiendo la falta de respuesta o la minimización de sus sentimientos por parte de los padres. Esta dinámica puede llevar a una desconexión emocional, donde los hijos aprenden a reprimir sus necesidades emocionales para evitar el rechazo.

La falta de empatía también se refleja en la incapacidad de los padres narcisistas para ponerse en el lugar de sus hijos. Las decisiones y acciones parentales pueden estar impulsadas principalmente por las necesidades narcisistas del progenitor, sin considerar plenamente el impacto en el bienestar emocional de los hijos. Esta falta de consideración puede generar resentimiento y contribuir a la percepción de los hijos como simples extensiones de los padres.

En el terreno de la crianza narcisista, la falta de empatía puede dar lugar a una dinámica de invalidación constante. Los padres pueden minimizar las experiencias y sentimientos de los hijos, generando un ambiente donde la expresión emocional se encuentra constantemente desestimada. Esta invalidación repetida puede tener consecuencias significativas en el desarrollo emocional de los hijos, afectando su capacidad para establecer relaciones saludables en la vida adulta.

La falta de empatía en la parentalidad narcisista nos lleva a comprender cómo la desconexión emocional impacta directamente en el mundo emocional de los hijos. La búsqueda constante de validación y reconocimiento choca con la falta de respuesta empática, creando una danza emocional compleja que deja a los hijos navegando por aguas turbulentas en su viaje hacia la autoafirmación y la comprensión emocional.

3.3. Competencia con los Hijos en la Parentalidad Narcisista

La competencia con los hijos, en el contexto de la parentalidad narcisista, se manifiesta de varias maneras. Un aspecto fundamental es la búsqueda constante de destacar sobre los logros y habilidades de los propios hijos. Los padres narcisistas, impulsados por la necesidad de validación externa, pueden sentir la urgencia de demostrar su superioridad, a veces eclipsando los logros legítimos de sus hijos.

Esta competencia puede influir en las metas y aspiraciones de los hijos. La presión constante para cumplir con las expectativas poco realistas de los padres narcisistas puede llevar a los hijos a desarrollar una percepción distorsionada de lo que constituye el éxito. La autoevaluación puede estar vinculada de manera intrincada a la capacidad de sobresalir en comparación con los padres, creando un ciclo de competencia constante.

La falta de reconocimiento genuino de los logros individuales de los hijos es otro aspecto de esta competencia. Aunque los padres narcisistas pueden elogiar superficialmente los éxitos de sus hijos, esta aprobación a menudo está condicionada a la validación constante de la superioridad parental. Los logros individuales pueden pasar desapercibidos o minimizarse, contribuyendo a una sensación de insuficiencia en los hijos.

El impacto en la autoestima es un componente crucial de la competencia con los hijos. Los hijos pueden internalizar la creencia de que su valía está directamente ligada a su capacidad para cumplir con las expectativas de los padres. Esta conexión estrecha entre el rendimiento y la valía personal puede crear una carga emocional significativa, dejando a los hijos en una búsqueda constante de aprobación.

La competencia también puede generar dinámicas familiares tensas. La necesidad de destacar puede convertirse en una fuente de conflictos, ya que los hijos pueden sentir la presión constante de cumplir con las expectativas poco realistas. Esta dinámica puede afectar la cohesión familiar, creando un ambiente donde la validación parental se convierte en una moneda de cambio emocional.

La lucha constante por la aprobación y la validación puede dar forma al desarrollo emocional de los hijos, dejando cicatrices invisibles que perduran en la vida adulta. Es decir que la competencia sutil pero poderosa entre padres e hijos puede influir en la autoestima y la percepción de valía personal de los hijos.

Capítulo 4: Ciclo de Abuso Narcisista en la Familia

Vivir en un hogar con padres narcisistas puede ser como navegar por aguas turbulentas. Este capítulo se sumerge en el ciclo de abuso narcisista que a menudo caracteriza las dinámicas familiares afectadas por el narcisismo parental. Exploraremos cómo este ciclo se desarrolla, desde las fases iniciales hasta las estrategias de control que perpetúan la dinámica disfuncional.

4.1. Fases del Ciclo de Abuso Narcisista en la Familia

Primera fase: Idealización y Encantamiento

El ciclo de abuso narcisista comienza con la fase de idealización, donde el narcisista despliega encantos para ganar la confianza y devoción de la familia. En esta etapa, los hijos pueden experimentar una sobrevaloración aparente, recibiendo atención excesiva y elogios desmesurados. Este encantamiento crea una ilusión de armonía y afecto, estableciendo la base para la aceptación incondicional por parte de la familia.

Segunda fase: Desencanto y Crítica

A medida que la familia se adapta al encanto inicial, la fase de desencanto emerge. Aquí, el narcisista revela su incapacidad para mantener la idealización constante. La crítica se introduce sutilmente, erosionando la autoestima de los hijos. La atención y elogios que una vez fluían generosamente pueden convertirse en comentarios despectivos y descalificaciones, sembrando las semillas del autoengaño y la confusión en la familia.

Tercera fase: Desvalorización y Manipulación

La desvalorización se profundiza en la tercera fase, donde el narcisista intensifica la manipulación emocional. Los hijos pueden encontrarse en un terreno emocional volátil, buscando desesperadamente la aprobación que ahora parece eludirlos. La manipulación sutil, a menudo envuelta en un manto de victimización, crea un entorno donde la familia se siente obligada a satisfacer las necesidades narcisistas, aunque esto implique sacrificar sus propias necesidades y bienestar.

Cuarta fase: Retiro y Castigo

En la fase de retiro, el narcisista se aleja emocionalmente, castigando a la familia con su ausencia emocional. La atención y la validación, una vez fácilmente accesibles, se vuelven escasas. Los hijos pueden enfrentar silencios prolongados, creando ansiedad y desconcierto. Este retiro es a menudo un acto de control, donde el narcisista busca reafirmar su poder al mantener a la familia en un estado de constante anticipación.

Quinta fase: Reconciliación Temporal y Ciclo Renovado

La fase final del ciclo de abuso narcisista es la reconciliación temporal. El narcisista puede volver a desplegar encantos y elogios, buscando restablecer la conexión emocional. Los hijos, anhelando la aprobación y estabilidad, pueden caer nuevamente en la trampa de la idealización. Sin embargo, esta reconciliación es efímera, ya que pronto se desvanece para dar paso a una nueva ronda del ciclo.

Este análisis de las fases del ciclo de abuso narcisista destaca la naturaleza repetitiva y manipuladora de este patrón. La familia queda atrapada en una danza emocional, buscando constantemente la aprobación y afecto que el narcisista otorga y retira de manera estratégica. Comprender estas fases es esencial para desentrañar la complejidad de la dinámica familiar bajo la sombra del abuso narcisista.

4.2. Estrategias de Control

a. **Manipulación Emocional Constante**. Una estrategia central en el arsenal del narcisista es la manipulación emocional constante. Utiliza tácticas como la invalidación de las emociones de los demás, minimizando las experiencias legítimas de los miembros de la familia. Esta manipulación crea un ambiente donde los hijos pueden dudar de la validez de sus propios sentimientos, cayendo en la trampa de la confusión emocional.

b. **Victimización y Culpa**. La victimización es otra herramienta afilada en la estrategia de control narcisista. El narcisista puede retratarse a sí mismo como la víctima, generando sentimientos de culpa en la familia. Esta táctica no solo desvía la atención de las acciones del narcisista, sino que también manipula las emociones de los hijos al hacerlos sentir responsables de las necesidades y deseos del progenitor.

c. **Distorsión de la Realidad**. La distorsión de la realidad es una táctica sutil pero potente que el narcisista utiliza para mantener el control. Puede reinterpretar eventos pasados, cambiar la narrativa y negar hechos evidentes. Esta manipulación de la realidad deja a la familia cuestionando su propia percepción de los acontecimientos, creando un terreno fértil para el control mental.

d. **Silencio y Retiro Emocional**. El silencio y el retiro emocional son estrategias que refuerzan la dependencia emocional de la familia hacia el narcisista. Al retirarse, el narcisista castiga a la familia con su ausencia emocional, generando ansiedad y temor. Esta táctica refuerza la idea de que el afecto y la aprobación del narcisista son recursos escasos que deben ganarse a través de la sumisión.

e. **Elogios Condicionales y Competencia Constante**. Los elogios condicionales y la competencia constante son estrategias diseñadas para mantener a la familia en un estado constante de búsqueda de validación. Aunque el narcisista puede elogiar superficialmente, este elogio está vinculado estrechamente a la validación constante de la superioridad parental. La competencia constante crea una dinámica de comparación que refuerza la dependencia de la familia del reconocimiento narcisista.

f. **Control Financiero y Material**. El control financiero y material es otra faceta de las estrategias de control. El narcisista puede utilizar la posición económica para mantener a la familia atada a sus necesidades y deseos. Este control material crea una dependencia financiera, dificultando la posibilidad de la familia de establecer límites o cuestionar las acciones del narcisista.

Estas estrategias de control son engranajes fundamentales en el mecanismo del ciclo de abuso narcisista en la familia. Trabajan en conjunto para mantener a los miembros de la familia en un estado constante de dependencia emocional y búsqueda de aprobación. Comprender estas tácticas es esencial para desmantelar la red de control narcisista y comenzar el proceso de curación en el seno familiar.

Capítulo 5: Identificación y Diagnóstico

En este capítulo, nos sumergimos en la tarea de reconocer los patrones narcisistas, entender sus señales distintivas y explorar las herramientas que la psicología nos ofrece para diagnosticar de manera precisa este complejo constructo.

5.1. Señales de un Padre Narcisista: Identificación y Diagnóstico

Necesidad Excesiva de Validación y Admiración. Una señal distintiva de un padre narcisista es una necesidad excesiva de validación y admiración. Este progenitor busca constantemente la aprobación de los demás, buscando que su autoestima se refuerce a través de elogios y reconocimiento. Esta necesidad insaciable puede llevar a una dinámica donde los hijos sienten la presión constante de cumplir con las expectativas poco realistas del padre narcisista.

Falta de Empatía y Consideración hacia las Necesidades de los Hijos. La falta de empatía es una característica clave que se manifiesta en la incapacidad del padre narcisista para comprender y responder a las necesidades emocionales de sus hijos. En lugar de conectarse emocionalmente, este progenitor puede centrarse desproporcionadamente en sus propias necesidades, dejando a los hijos sintiéndose incomprendidos y desatendidos.

Competencia Constante con los Hijos. La competencia constante con los hijos es otra señal reveladora. El padre narcisista puede sentir la necesidad de destacar sobre los logros y habilidades de sus propios hijos, creando una dinámica donde la validación parental está vinculada a la superioridad del progenitor. Esta competencia puede generar presión y ansiedad en los hijos, afectando su autoestima y percepción de valía personal.

Manipulación Emocional y Victimización. La manipulación emocional y la victimización son estrategias que el padre narcisista utiliza para mantener el control. Pueden retratarse a sí mismos como víctimas, generando sentimientos de culpa en la familia. Esta manipulación sutil desvía la atención de las acciones del padre narcisista, creando un entorno donde los hijos sienten la obligación de satisfacer las necesidades emocionales del progenitor.

Elogios Condicionales y Desvalorización Constante. Los elogios condicionales y la desvalorización constante son patrones que pueden indicar la presencia de un padre narcisista. Aunque pueden elogiar superficialmente, este elogio a menudo está condicionado a la validación constante de la superioridad parental. La desvalorización, por otro lado, puede manifestarse a través de críticas constantes y descalificaciones, erosionando la autoestima de los hijos.

Incapacidad para Reconocer Errores y Responsabilidades. La incapacidad para reconocer errores y asumir responsabilidades es una señal clave. El padre narcisista puede tener dificultades para admitir fallas, prefiriendo desviar la responsabilidad o reinterpretar eventos. Esta falta de rendición de cuentas puede crear un ambiente donde los hijos aprenden a dudar de sus propias percepciones y experiencias.

Ciclos de Idealización y Desencanto en las Relaciones Familiares. Los ciclos de idealización y desencanto en las relaciones familiares son patrones repetitivos que indican la presencia de un padre narcisista. Este progenitor puede desplegar encantos iniciales para ganar la devoción de la familia, pero estos períodos de idealización son seguidos por fases de desencanto, donde la crítica y la desvalorización entran en juego.

Reconocer estas señales es esencial para comprender la dinámica de la crianza narcisista. La identificación temprana puede abrir puertas hacia estrategias de afrontamiento y apoyo, proporcionando herramientas valiosas para abordar los desafíos que surgen en el contexto de la crianza narcisista.

5.2. Evaluación Profesional en la Identificación y Diagnóstico de Padres Narcisistas

En el quinto capítulo de nuestro viaje hacia la comprensión de los padres narcisistas, nos adentramos en el terreno crucial de la evaluación profesional. Este proceso desempeña un papel vital en la identificación y diagnóstico de patrones narcisistas en la crianza. A través de distintas herramientas y enfoques, los profesionales, como psicólogos y terapeutas, buscan descifrar las complejidades de las dinámicas familiares y ofrecer estrategias adaptadas a cada situación.

Entrevistas Clínicas: La Voz de la Experiencia

Las entrevistas clínicas son faros luminosos que iluminan la travesía de la evaluación. En estas interacciones, los profesionales no solo escuchan las narrativas de los padres, sino que observan su comportamiento, las expresiones faciales y el tono de voz. Estas entrevistas ofrecen una ventana a las dinámicas familiares, permitiendo a los profesionales discernir patrones de comportamiento narcisista, como la necesidad excesiva de validación o la falta de empatía.

Observación del Comportamiento: Una Radiografía Familiar

La observación del comportamiento en situaciones familiares cotidianas es como obtener una radiografía de la vida diaria. Los profesionales examinan cómo el padre narcisista se relaciona con los hijos, cómo maneja situaciones estresantes y cómo responde a las necesidades emocionales de la familia. Este enfoque práctico brinda una perspectiva valiosa sobre la dinámica relacional, identificando posibles signos de narcisismo que pueden no ser evidentes en un entorno clínico.

Análisis de Empatía y Reconocimiento de Necesidades Infantiles

La capacidad de un padre para expresar empatía y reconocer las necesidades emocionales de sus hijos es un indicador crucial. Durante la evaluación, los profesionales buscan señales de falta de empatía, como la incapacidad para comprender las experiencias de los niños. Este análisis profundo revela si el padre puede responder adecuadamente a las necesidades emocionales de los hijos o si estas quedan eclipsadas por las propias demandas del progenitor.

Exploración de Historial Familiar: Tejiendo el Tapiz del Narcisismo

El historial familiar es un tesoro de información que ayuda a tejer el tapiz del narcisismo. Los profesionales exploran patrones a lo largo del tiempo, buscando ciclos repetitivos de idealización y desencanto, así como la presencia de manipulación emocional. Comprender cómo las relaciones pasadas del padre influyen en la dinámica actual proporciona una visión más completa de las tendencias narcisistas en la crianza.

Evaluación de Habilidades Parentales y Respuestas al Estrés

La evaluación de habilidades parentales es como un espejo que refleja la capacidad del padre para adaptarse a las necesidades cambiantes de los hijos. Los profesionales observan cómo el padre maneja situaciones desafiantes y si muestra flexibilidad en sus enfoques. Respuestas desproporcionadas al estrés o rigidez en las prácticas parentales pueden ser indicadores de rasgos narcisistas.

Reconocimiento de Errores y Aprendizaje: La Clave de la Adaptabilidad

La disposición del padre para reconocer errores y aprender de las experiencias es una clave importante. Los profesionales exploran si el padre puede asumir responsabilidades y abordar áreas de mejora. La resistencia a reconocer errores o desviar la responsabilidad puede ser una señal de rasgos narcisistas que impactan la capacidad del padre para adaptarse y aprender.

Análisis de la Relación Terapéutica: Un Espejo de Potencial Cambio

La relación terapéutica es como un espejo que refleja el potencial de cambio. Los profesionales evalúan la disposición del padre para participar en el proceso terapéutico, su capacidad para establecer una conexión genuina y su apertura al cambio. La resistencia a la introspección o la falta de compromiso pueden influir en la evaluación general de la presencia de rasgos narcisistas.

Esta evaluación profesional, que utiliza una gama de herramientas y enfoques, permite una comprensión más profunda de la presencia de rasgos narcisistas en la crianza. Es un paso esencial para diseñar estrategias de intervención efectivas y proporcionar el apoyo necesario para promover dinámicas familiares más saludables.

Capítulo 6: Afrontando el Desafío: Estrategias para Enfrentar a un Padre Narcisista

En el sexto capítulo, nos sumergimos en la tarea desafiante de enfrentar a un padre narcisista. La subsección "Estableciendo Límites Saludables" se convierte en una brújula práctica para aquellos que buscan equilibrar la autenticidad y la protección personal en el contexto de una relación compleja con un progenitor narcisista.

6.1. Estableciendo Límites Saludables: Navegando el Terreno con un Padre Narcisista

Reconociendo la Importancia de los Límites Personales

Establecer límites saludables comienza con el reconocimiento fundamental de la importancia de los límites personales. Es imperativo comprender que establecer límites no es un acto de egoísmo, sino una necesidad esencial para preservar la salud emocional y mantener relaciones equitativas. Aceptar que es válido tener necesidades y límites individuales es el cimiento sobre el cual se construye la habilidad para enfrentar un padre narcisista de manera efectiva.

Claridad en la Comunicación: Directa y Asertiva

La comunicación clara se convierte en una herramienta poderosa al establecer límites con un padre narcisista. Optar por la claridad directa y asertiva es esencial. Expresar de manera sencilla y firme cuáles son los límites personales y qué comportamientos son inaceptables establece un marco claro para la interacción. Evitar la ambigüedad y la vaguedad es clave para prevenir malentendidos y manipulaciones por parte del padre narcisista.

Definiendo Consecuencias Claras y Coherentes

Establecer límites efectivos implica definir consecuencias claras y coherentes en caso de que esos límites sean violados. Establecer anticipadamente las repercusiones de ciertos comportamientos narcisistas brinda una estructura sólida. Esta previsión reduce la manipulación potencial del progenitor narcisista al dejar en claro que las acciones tienen consecuencias predecibles.

Aprendiendo a Decir "No" sin Culpa

La habilidad de decir "no" sin sentirse abrumado por la culpa es un arte que se perfecciona al enfrentar a un padre narcisista. Reconocer que decir "no" no es un acto de deslealtad, sino una afirmación saludable de límites, es esencial. Liberarse de la carga emocional asociada con el rechazo de las demandas narcisistas permite establecer límites firmes sin sacrificar la propia integridad.

Priorizando el Bienestar Emocional Propio

Establecer límites saludables implica priorizar el bienestar emocional propio. Este acto no solo protege contra la manipulación narcisista, sino que también establece un precedente para la autovaloración y el autocuidado. Reconocer que cuidar de sí mismo no es egoísta, sino esencial, es la piedra angular para construir una relación más equilibrada con un padre narcisista.

Manteniendo Distancia Emocional cuando sea Necesario

La distancia emocional se convierte en una táctica crucial al enfrentar a un padre narcisista. Aprender a mantener una conexión emocional saludable mientras se establecen límites puede implicar momentos de distanciamiento cuando sea necesario. Esta medida no implica un rechazo total, sino un paso para preservar la propia salud mental en situaciones que puedan ser emocionalmente agotadoras.

Buscando Apoyo Externo y Recursos

Establecer límites saludables se fortalece al buscar apoyo externo y acceder a recursos disponibles. Conectar con amigos, familiares u otras personas que hayan enfrentado desafíos similares proporciona una red de apoyo valiosa. Explorar recursos como libros, grupos de apoyo en línea o terapia individual puede ofrecer perspectivas adicionales y estrategias efectivas.

Establecer límites saludables al enfrentar a un padre narcisista es un proceso dinámico que implica un equilibrio cuidadoso entre la autenticidad personal y la protección emocional. Reconocer la importancia de los límites, comunicarse de manera clara, definir consecuencias, aprender a decir "no" sin culpa, priorizar el bienestar propio, mantener distancia emocional cuando sea necesario y buscar apoyo externo se convierten en herramientas poderosas para aquellos que buscan enfrentar este desafío con resiliencia y cuidado personal.

6.2. Buscando Apoyo Emocional: Un Ancla en la Travesía de Afrontar a un Padre Narcisista

"Buscando Apoyo Emocional" se convierte en un ancla esencial en la travesía emocional, brindando el sustento necesario para navegar las complejidades de esta relación única.

Compartiendo Experiencias con Personas de Confianza. Abrir el corazón y compartir experiencias con personas de confianza se erige como el primer pilar de buscar apoyo emocional. Ya sea amigos cercanos, familiares o compañeros de confianza, tener un espacio para expresar las emociones y desafíos asociados con un padre narcisista alivia la carga emocional. La empatía y la comprensión de estos confidentes pueden ser una fuente valiosa de apoyo.

Explorando Grupos de Apoyo y Comunidades en Línea. La conexión con grupos de apoyo y comunidades en línea se presenta como una opción accesible y enriquecedora. La singularidad de la experiencia al enfrentar a un padre narcisista se comparte con aquellos que han atravesado desafíos similares. Estos espacios ofrecen un terreno fértil para intercambiar consejos prácticos, estrategias efectivas y, lo que es más importante, la validación emocional que a menudo falta en las relaciones con padres narcisistas.

Buscando Asesoramiento Profesional. La búsqueda de asesoramiento profesional se alza como una piedra angular en la construcción de un sistema de apoyo emocional robusto. Los psicólogos, terapeutas y consejeros poseen las herramientas y la experiencia necesarias para guiar a aquellos que enfrentan un padre narcisista. Estos profesionales no solo ofrecen perspectivas imparciales, sino que también facilitan estrategias específicas para afrontar los desafíos emocionales derivados de esta relación.

Estableciendo Límites con el Apoyo de Profesionales. El apoyo emocional también se traduce en la habilidad de establecer límites con el respaldo de profesionales. Los terapeutas pueden ofrecer orientación específica sobre cómo comunicar límites de manera efectiva y manejar las posibles reacciones del padre narcisista. Esta colaboración con profesionales crea un espacio donde el individuo puede construir estrategias personalizadas y sostenibles para proteger su bienestar emocional.

Participando en Actividades de Cuidado Personal. La búsqueda de apoyo emocional no solo se limita a la interacción con otras personas, sino que también abarca participar en actividades de cuidado personal. Estas actividades actúan como un bálsamo para el alma, proporcionando momentos de alivio y renovación. Desde la práctica de la meditación hasta la inmersión en pasatiempos apasionantes, estas experiencias se convierten en un anclaje fundamental en medio de las tormentas emocionales.

Creando Espacios de Autocompasión y Validación Interna. La autocompasión y la validación interna emergen como fuentes intrínsecas de apoyo emocional. Reconocer y aceptar las propias emociones, sin juicio, se convierte en un acto de amor propio. Cultivar una narrativa interna que refleje la realidad de la situación y el esfuerzo constante para enfrentarla fortalece la resiliencia emocional.

Estableciendo Fronteras Claras para la Propia Salud Mental. La búsqueda de apoyo emocional implica, en última instancia, establecer fronteras claras para la propia salud mental. Reconocer cuándo es necesario tomar distancia, buscar ayuda o simplemente descansar se convierte en una habilidad crucial. Estas fronteras no solo protegen el bienestar emocional, sino que también ofrecen un recordatorio constante de la importancia de poner la salud mental en primer plano.

Buscar apoyo emocional al enfrentar a un padre narcisista se erige como un acto de autenticidad y fortaleza. A través de conexiones significativas con otros, el asesoramiento profesional, la participación en actividades de cuidado personal y el cultivo de una relación compasiva consigo mismo, se construye un andamiaje emocional sólido. Este apoyo se convierte en la brújula que guía a aquellos que enfrentan el desafío de un padre narcisista hacia la autenticidad, el autocuidado y la resiliencia emocional.

6.3. Terapia y Asesoramiento: El Faro en la Travesía de Afrontar a un Padre Narcisista

"Terapia y Asesoramiento" se convierten en el faro que guía la travesía emocional, ofreciendo una ruta estructurada para aquellos que buscan comprender, sanar y construir estrategias prácticas.

Explorando el Poder Curativo de la Terapia Individual

La terapia individual emerge como un espacio sagrado para explorar el impacto emocional de tener un padre narcisista. Un terapeuta capacitado actúa como guía, proporcionando un terreno seguro para expresar emociones, desentrañar patrones de pensamiento y desarrollar estrategias para afrontar los desafíos. La terapia individual es un faro personalizado que ilumina las áreas de crecimiento y transformación.

Terapia de Familia: Navegando las Dinámicas Relacionales

La terapia de familia se erige como un faro que ilumina las dinámicas relacionales. En este espacio, los miembros de la familia, incluido el padre narcisista, pueden trabajar juntos para comprender y abordar los patrones disfuncionales. La terapia de familia ofrece un terreno neutral donde se pueden establecer límites saludables y explorar nuevas formas de comunicación que fomenten relaciones más equitativas.

Terapia de Pareja: Abordando Desafíos Relacionales

Cuando la relación con el padre narcisista afecta la dinámica de pareja, la terapia de pareja se convierte en un faro que ilumina las aguas tumultuosas. Aquí, las parejas pueden abordar cómo las dinámicas parentales influyen en su relación, desarrollar estrategias de apoyo mutuo y fortalecer la conexión emocional. La terapia de pareja actúa como una hoja de ruta para construir un vínculo sólido en medio de los desafíos externos.

Terapia Grupal: Compartiendo Experiencias y Estrategias

La terapia grupal se presenta como un faro colectivo, donde individuos que comparten desafíos similares pueden encontrar consuelo y perspectivas valiosas. Este espacio proporciona una plataforma para compartir experiencias, aprender estrategias efectivas y recibir apoyo de aquellos que comprenden la complejidad de tener un padre narcisista. La terapia grupal se convierte en un faro que guía a través del poder curativo de la comunidad.

Asesoramiento Psicológico: Desarrollando Estrategias Personalizadas

El asesoramiento psicológico se posiciona como un faro que guía el desarrollo de estrategias personalizadas. Los consejeros ofrecen orientación especializada para abordar desafíos específicos, como establecer límites, manejar la manipulación narcisista y cultivar la resiliencia emocional. Este tipo de asesoramiento se convierte en una brújula precisa que dirige los esfuerzos hacia soluciones prácticas y sostenibles.

Terapia Cognitivo-Conductual: Transformando Patrones de Pensamiento

La terapia cognitivo-conductual se erige como un faro que ilumina la transformación de patrones de pensamiento. Este enfoque terapéutico ayuda a identificar y cambiar pensamientos disfuncionales, promoviendo una perspectiva más equilibrada y adaptativa. La terapia cognitivo-conductual actúa como una linterna que revela las herramientas para superar desafíos emocionales arraigados.

Terapia Centrada en Soluciones: Enfocándose en el Crecimiento Personal

La terapia centrada en soluciones se convierte en un faro que enfoca la atención en el crecimiento personal. Este enfoque terapéutico se centra en identificar y amplificar fortalezas individuales, promoviendo el desarrollo de estrategias que fomenten la resiliencia y el bienestar emocional. La terapia centrada en soluciones actúa como una luz guía que dirige hacia el camino del crecimiento y la autorreflexión.

A través de estos recursos, se encuentra la orientación necesaria para comprender, sanar y desarrollar estrategias que promuevan una vida emocionalmente equilibrada. Cada enfoque terapéutico y de asesoramiento se convierte en una luz que destaca diferentes aspectos del camino, brindando apoyo y dirección en la búsqueda de la autenticidad y el bienestar emocional.

Capítulo 7: Sanando de las Heridas: Recuperándose del Narcisismo Parental

Aquí nos metemos en un terreno sensitivo: la identificación y el diagnóstico de este fenómeno psicológico. Este capítulo sirve como faro de conocimiento para aquellos que buscan entender las señales distintivas del narcisismo, desentrañar sus complejidades y, finalmente, explorar las herramientas que la psicología proporciona para diagnosticar con precisión este constructo multifacético.

7.1. Proceso de Curación: Navegando las Aguas de la Recuperación

El Proceso de Curación" es sumamente importante en las tumultuosas las heridas emocionales, ya que ofrece una ruta para sanar y avanzar hacia una vida más plena.

Paso número uno: Reconociendo y Validando las Emociones.

El primer paso en el proceso de curación implica el reconocimiento y la validación de las emociones. Permitirse sentir y expresar el dolor, la confusión y la frustración es fundamental. Este acto de autenticidad sienta las bases para la curación al dar espacio a la verdad emocional, liberando el peso de las experiencias pasadas.

Paso número dos: Estableciendo Límites Saludables en las Relaciones

Durante el proceso de curación, se erige la necesidad de establecer límites saludables en las relaciones. Aprender a decir "no" cuando sea necesario y definir claramente lo que es aceptable e inaceptable en las interacciones personales se convierte en una herramienta crucial. Estos límites actúan como guardianes protectores de la salud emocional, preservando el espacio necesario para la recuperación.

Paso número tres: Practicando la Autoaceptación y el Amor Propio

La autoaceptación y el amor propio emergen como faros que iluminan el camino hacia la curación. Reconocer y abrazar la propia valía, independientemente de las expectativas parentales narcisistas, se convierte en una práctica esencial. La construcción de una relación positiva consigo mismo actúa como un bálsamo que alivia las heridas emocionales, fomentando la resiliencia y el empoderamiento personal.

Paso número cuatro: Cultivando Relaciones de Apoyo y Compañerismo

La curación se fortalece al cultivar relaciones de apoyo y compañerismo. Conectar con amigos, familiares o grupos de apoyo que comprendan las complejidades del narcisismo parental crea un entorno en el que la comprensión y el respaldo mutuo florecen. Estas relaciones actúan como faros comunitarios, ofreciendo consuelo y aliento en el viaje de recuperación.

Paso número cinco: Buscando la Asesoría Profesional Necesaria.

El proceso de curación se beneficia enormemente al buscar la asesoría profesional necesaria. Psicólogos, terapeutas y consejeros capacitados guían el proceso, ofreciendo herramientas y estrategias adaptadas a las necesidades individuales. Esta colaboración profesional se convierte en un faro especializado que ilumina áreas específicas del viaje de curación.

Paso número seis: Practicando la Autocuidado Regularmente

La práctica regular del autocuidado se presenta como un faro que resalta la importancia de mantener el bienestar emocional. Desde actividades relajantes hasta rutinas saludables, el autocuidado se convierte en un ritual que nutre y fortalece. Esta práctica constante refuerza la resiliencia emocional y actúa como un faro que guía hacia la estabilidad emocional.

Paso número siete: Desarrollando un Sentido de Propósito y Autenticidad

La curación se completa al desarrollar un sentido de propósito y autenticidad. Explorar pasiones, metas y valores personales crea un marco sólido para construir una vida significativa y auténtica. Este faro interior dirige hacia la autorrealización y la construcción de una narrativa de vida que va más allá de las limitaciones impuestas por el narcisismo parental.

El proceso de curación, como un viaje de navegación emocional, implica reconocer y validar las emociones, establecer límites saludables, practicar la autoaceptación, cultivar relaciones de apoyo, buscar asesoría profesional, practicar el autocuidado y desarrollar un sentido de propósito. Cada uno de estos elementos se convierte en faros que iluminan diferentes aspectos del camino de recuperación, ofreciendo dirección y esperanza a aquellos que buscan sanar de las heridas del narcisismo parental.

7.2. Construyendo Relaciones Saludables: Reconstruyendo Vínculos Después del Narcisismo Parental

Construir Relaciones Saludables se convierte en una guía práctica que ilumina el camino hacia vínculos más equitativos y enriquecedores, marcando una etapa crucial en el proceso de recuperación.

Desaprendiendo Patrones Relacionales Nocivos

El proceso de construir relaciones saludables comienza con el desaprendizaje de patrones relacionales nocivos adquiridos durante la interacción con un padre narcisista. Identificar y reflexionar sobre comportamientos tóxicos permite abrir espacio para la adopción de nuevas formas de comunicación y conexión emocional. Este paso es esencial para construir relaciones basadas en el respeto mutuo y la equidad.

Fomentando la Comunicación Abierta y Auténtica

La base de las relaciones saludables se cimienta en la comunicación abierta y auténtica. Practicar la expresión honesta de pensamientos y sentimientos, así como fomentar un espacio donde los demás también puedan compartir libremente, crea un terreno fértil para la comprensión mutua. La comunicación se convierte en el puente que une a las personas en un diálogo genuino y enriquecedor.

Estableciendo Límites Claros y Respetuosos

Construir relaciones saludables implica establecer límites claros y respetuosos. La capacidad de comunicar de manera efectiva lo que es aceptable y lo que no lo es en una relación contribuye a un entorno en el que ambas partes se sientan valoradas y comprendidas. Estos límites actúan como guardianes de la salud relacional, preservando la armonía y el equilibrio.

Practicando la Empatía y la Comprensión Mutua

La práctica de la empatía y la comprensión mutua se convierte en un faro que ilumina la ruta hacia relaciones saludables. Tomarse el tiempo para comprender las perspectivas y experiencias de los demás, así como ser comprendido a su vez, fortalece los lazos emocionales. La empatía actúa como un puente que conecta a las personas a un nivel más profundo.

Cultivando la Confianza a Través de la Consistencia

La construcción de relaciones saludables implica cultivar la confianza a través de la consistencia. Cumplir con las promesas, ser fiable y mostrar autenticidad contribuyen a la construcción de un ambiente de confianza. La consistencia se convierte en el cimiento sobre el cual se edifica una conexión sólida y duradera.

Valorando y Respetando las Diferencias Individuales

En el proceso de construir relaciones saludables, valorar y respetar las diferencias individuales se destaca como una práctica esencial. Reconocer que cada persona es única, con sus propias perspectivas y experiencias, fomenta la aceptación y la diversidad en la relación. Este reconocimiento contribuye a un ambiente en el que cada individuo se siente visto y apreciado.

Nutriendo Relaciones Recíprocas y Equitativas

Construir relaciones saludables implica nutrir vínculos recíprocos y equitativos. La reciprocidad se convierte en la fuerza impulsora que mantiene el equilibrio en la relación, donde ambas partes contribuyen de manera significativa al crecimiento y bienestar mutuo. Este enfoque equitativo crea un terreno fértil para relaciones duraderas y enriquecedoras.

Aprendiendo y Creciendo Juntos

La construcción de relaciones saludables es un viaje continuo de aprendizaje y crecimiento conjunto. Reconocer que las personas evolucionan y que las relaciones también pasan por cambios permite adaptarse y ajustarse a las necesidades cambiantes. Este enfoque dinámico contribuye a la sostenibilidad y vitalidad de la conexión emocional.

Construir relaciones saludables después de enfrentar el narcisismo parental se convierte en una travesía de reinvención y descubrimiento. Desaprender patrones nocivos, fomentar la comunicación abierta, establecer límites respetuosos, practicar la empatía, cultivar la confianza, valorar las diferencias individuales, nutrir relaciones equitativas y aprender y crecer juntos son pasos esenciales para edificar vínculos que nutran el alma y fomenten la autenticidad en la senda de la recuperación.

Capítulo 8: Intervención Legal y Protección Infantil

Este es un ámbito crítico y socialmente relevante: la intervención legal y la protección infantil. Este capítulo no solo destaca la necesidad imperante de abordar las ramificaciones legales del narcisismo parental, sino que también se erige como un faro de conciencia y acción para proteger el bienestar de los niños que puedan verse afectados por dinámicas narcisistas en el entorno familiar.

8.1. Custodia y Visitas en Casos de Narcisismo Parental

a. **Evaluación de la Dinámica Familiar por Profesionales**

Competentes. Ante la sospecha de narcisismo parental, es fundamental iniciar con una evaluación exhaustiva de la dinámica familiar por profesionales competentes. Psicólogos, trabajadores sociales y otros expertos en salud mental pueden ofrecer una visión especializada para comprender el impacto del comportamiento narcisista en el entorno familiar. Esta evaluación actúa como la primera etapa para fundamentar cualquier intervención legal.

b. **Desarrollo de Documentación Detallada de Incidentes y Patrones de Comportamiento**. La construcción de un caso legal sólido requiere la documentación detallada de incidentes y patrones de comportamiento relacionados con el narcisismo parental. Mantener registros de interacciones, comunicaciones y comportamientos inapropiados proporciona evidencia tangible para respaldar cualquier solicitud legal. La documentación meticulosa se convierte en el pilar sobre el cual se construye la intervención legal.

c. **Abogados Especializados en Derecho Familiar: Aliados Claves**. Enfrentar casos de narcisismo parental demanda la asesoría de abogados especializados en derecho familiar. Estos profesionales se convierten en aliados clave, brindando orientación legal específica y desarrollando estrategias para abordar las complejidades del caso. La elección de un abogado con experiencia en casos de narcisismo parental es crucial para asegurar una representación efectiva.

d. **Presentación de Evidencia Sustancial en Audiencias Legales**. La presentación de evidencia sustancial en audiencias legales se erige como una tarea esencial. La documentación detallada y la asesoría legal convergen en este punto, respaldando la presentación de pruebas concretas que demuestren el impacto del narcisismo parental en la vida de los niños. La capacidad para articular de manera clara y persuasiva la necesidad de intervención legal se convierte en un factor determinante.

e. **Solicitudes de Modificación de Custodia y Restricciones de Visitas**. En casos de narcisismo parental, las solicitudes de modificación de custodia y restricciones de visitas pueden ser necesarias para salvaguardar el bienestar de los niños. La intervención legal se centra en desarrollar argumentos sólidos respaldados por la evidencia presentada, buscando establecer acuerdos que protejan a los menores de las dinámicas perjudiciales asociadas al comportamiento narcisista.

f. **Colaboración con Servicios de Protección Infantil.** En situaciones extremas, la colaboración con servicios de protección infantil puede ser necesaria. Trabajar en conjunto con estos servicios implica compartir información relevante y coordinar acciones para garantizar la seguridad de los niños afectados. La intervención legal se convierte en un puente que conecta a las familias con los recursos necesarios para salvaguardar el bienestar infantil.

g. **Monitoreo Continuo y Ajustes según las Necesidades.** Una vez implementadas las medidas legales, el monitoreo continuo y los ajustes según las necesidades se vuelven prácticas esenciales. La intervención legal no concluye con una decisión judicial; más bien, requiere una atención constante para evaluar la efectividad de las medidas implementadas y realizar ajustes según la evolución de la situación.

h. **Apoyo Emocional para los Niños y Padres Afectados.** A lo largo de todo el proceso legal, el apoyo emocional para los niños y los padres afectados es crucial. La intervención legal no solo se trata de medidas formales, sino también de proporcionar un entorno compasivo que respalde el bienestar emocional de todos los involucrados. Este apoyo se convierte en un faro que ilumina la senda hacia la estabilidad y la protección infantil.

Navegar las aguas de la intervención legal y la protección infantil en casos de narcisismo parental demanda una estrategia clara, colaboración con profesionales competentes y un compromiso continuo con el bienestar de los niños. La intervención legal y la protección infantil actúan como faros que guían el camino hacia la seguridad y la justicia en medio de las complejidades legales asociadas al narcisismo parental.

8.2. Recursos Legales Disponibles: Navegando el Laberinto Legal en Casos de Narcisismo Parental

"Recursos Legales Disponibles proporcionan información práctica sobre las herramientas legales que pueden emplearse para abordar situaciones de riesgo y proteger el bienestar de los niños involucrados.

- **Órdenes de Restricción y Protección.** Las órdenes de restricción y protección se presentan como una herramienta legal crucial en casos de narcisismo parental. Estas órdenes buscan proteger a las víctimas de comportamientos perjudiciales al establecer límites claros sobre la interacción del padre narcisista. Obtener una orden de este tipo puede proporcionar una capa adicional de seguridad para aquellos afectados.
- **Órdenes de Custodia Provisionales.** En situaciones urgentes, las órdenes de custodia provisionales pueden ser solicitadas para garantizar la seguridad inmediata de los niños. Estas órdenes permiten la modificación temporal de la custodia mientras se lleva a cabo un proceso legal más extenso. Su aplicación se centra en proteger a los menores de posibles daños derivados del narcisismo parental.
- **Evaluaciones Psicológicas como Evidencia en Casos Legales**. Las evaluaciones psicológicas emergen como una forma de evidencia fundamental en casos legales relacionados con el narcisismo parental. Realizadas por profesionales competentes, estas evaluaciones ofrecen una comprensión especializada del impacto del comportamiento narcisista en la dinámica familiar. La presentación de estas evaluaciones fortalece la posición legal al respaldar la necesidad de intervención.
- **Mediación Familiar Supervisada.** La mediación familiar supervisada se presenta como una opción para abordar conflictos en entornos de narcisismo parental. Bajo la supervisión de un profesional, la mediación busca encontrar soluciones colaborativas entre las partes involucradas. Esta herramienta puede ser útil cuando se busca un acercamiento más equitativo, aunque con una supervisión constante.
- **Coordinadores de Padres como Facilitadores de Comunicación.** En casos en los que la comunicación entre padres resulta especialmente difícil, los coordinadores de padres pueden desempeñar un papel crucial

como facilitadores de la comunicación. Estos profesionales neutralizan las tensiones y fomentan un diálogo más efectivo, buscando reducir conflictos y promover acuerdos que beneficien a los niños.

- **Abogados para Niños en Procedimientos Legales**. La participación de abogados para niños en procedimientos legales se presenta como una forma de asegurar que los intereses y necesidades de los menores sean adecuadamente representados. Estos abogados se centran en abogar por el bienestar de los niños, ofreciendo una voz legal independiente que vela por sus derechos y seguridad.

- **Programas de Terapia Familiar Obligatoria**. Algunas jurisdicciones pueden requerir la participación en programas de terapia familiar obligatoria en casos de narcisismo parental. Estos programas buscan abordar las dinámicas disfuncionales y brindar herramientas para mejorar la comunicación y la colaboración entre los padres. La participación en estas terapias puede ser una condición legal para el mantenimiento de la custodia.

- **Recursos de Apoyo a Víctimas de Violencia Doméstica**. En casos en los que el narcisismo parental se manifiesta como violencia doméstica, los recursos de apoyo a víctimas de violencia doméstica son fundamentales. Estos recursos incluyen refugios, líneas de ayuda y servicios de asesoramiento que ofrecen apoyo emocional y orientación legal a quienes buscan escapar de situaciones peligrosas.

- **Regulación del Contacto Digital y Comunicación**. Dentro del panorama digital, la regulación del contacto digital y la comunicación se convierte en un recurso legal importante. Establecer pautas claras sobre la interacción en plataformas digitales y comunicación electrónica puede ayudar a prevenir el acoso y proteger a los niños de la manipulación narcisista a través de estos canales.

- **Recursos Legales para la Protección de la Privacidad**. La protección dc la privacidad en casos de narcisismo parental es vital. Los recursos legales para la protección de la privacidad buscan salvaguardar la información sensible de los niños y padres afectados, evitando su uso indebido por parte del padre narcisista. Estos recursos se centran en establecer barreras legales contra la intrusión no autorizada.

La protección infantil es un imperativo social, y este capítulo se presenta como un llamado a la acción para abordar de manera efectiva el impacto del narcisismo parental en la vida de los niños y garantizar un futuro más seguro y saludable.

Capítulo 9: El Papel de la Sociedad y los Profesionales en la Prevención y Tratamiento

El papel de la sociedad y los profesionales en la prevención y tratamiento de esta realidad psicológica es fundamental. Este capítulo se erige como un llamado a la acción, explorando cómo la sociedad y los expertos pueden colaborar de manera efectiva para prevenir y abordar el narcisismo en sus diversas manifestaciones.

9.1. Educación sobre el Narcisismo Parental: Desmitificando y Abordando un Desafío Contemporáneo

Desmitificación del Narcisismo Parental en la Sociedad. La educación sobre el narcisismo parental comienza con la desmitificación de este fenómeno en la sociedad. Difundir información clara y accesible acerca de qué implica el narcisismo parental, cómo se manifiesta y cuáles son sus impactos, contribuye a deshacer mitos y malentendidos que rodean esta problemática. La claridad en la comunicación se convierte en la base para la comprensión y la acción informada.

Reconocimiento de Signos y Síntomas por Profesionales de la Salud y Educadores. Para prevenir y abordar el narcisismo parental, es crucial que profesionales de la salud y educadores reconozcan los signos y síntomas asociados. La formación específica sobre este tema equipa a estos profesionales con la capacidad de identificar situaciones potencialmente perjudiciales y proporcionar intervenciones tempranas. El reconocimiento se erige como la primera línea de defensa para salvaguardar el bienestar de los niños.

Integración de Contenidos sobre Narcisismo Parental en Programas Educativos. La inclusión de contenidos sobre narcisismo parental en programas educativos se presenta como una estrategia efectiva para llegar a un público más amplio. Integrar información sobre este tema en programas escolares y de formación profesional contribuye a crear conciencia desde una edad temprana y prepara a futuros profesionales para abordar situaciones de narcisismo parental con sensibilidad y conocimiento.

Talleres y Seminarios para Padres y Cuidadores. La organización de talleres y seminarios específicos para padres y cuidadores se convierte en una plataforma efectiva para proporcionar educación sobre el narcisismo parental. Estos eventos ofrecen un espacio para discutir dinámicas familiares, compartir estrategias de afrontamiento y recibir orientación de profesionales. La interacción directa se convierte en un medio poderoso para transmitir información y fomentar el diálogo.

Campañas de Concientización en Medios de Comunicación y Redes Sociales. Las campañas de concientización en medios de comunicación y redes sociales amplifican el alcance de la educación sobre el narcisismo parental. Utilizar plataformas mediáticas para compartir historias, datos relevantes y recursos puede llegar a audiencias diversas. Estas campañas buscan no solo informar, sino también fomentar una conversación abierta sobre el narcisismo parental en la sociedad.

Desarrollo de Recursos Educativos Accesibles en Línea. El desarrollo de recursos educativos accesibles en línea se presenta como una herramienta versátil para llegar a un público amplio. Crear contenido en formato digital, como videos, infografías y artículos informativos, facilita el acceso a información sobre el narcisismo parental en cualquier momento y lugar. La accesibilidad se convierte en un facilitador clave para la difusión de conocimiento.

Colaboración con Organizaciones de Apoyo y Asociaciones Profesionales. La colaboración con organizaciones de apoyo y asociaciones profesionales fortalece la red de recursos disponibles. Trabajar en conjunto con entidades comprometidas con la prevención y el tratamiento del narcisismo parental amplifica la eficacia de las iniciativas educativas. La sinergia entre profesionales, organizaciones y la sociedad en general se convierte en un frente unificado contra este desafío.

Promoción de la Autoexploración y la Búsqueda de Ayuda. La educación sobre el narcisismo parental no solo busca informar, sino también promover la autoexploración y la búsqueda de ayuda. Fomentar la reflexión personal sobre patrones de comportamiento y ofrecer recursos para aquellos que buscan apoyo se convierte en una estrategia preventiva esencial. La promoción de la ayuda temprana puede marcar la diferencia en la vida de quienes enfrentan este desafío.

Programas de Sensibilización para Profesionales del Derecho y Servicios Sociales. Para asegurar una respuesta efectiva en casos de narcisismo parental, es crucial implementar programas de sensibilización para profesionales del derecho y servicios sociales. Estos programas proporcionan información específica sobre cómo abordar situaciones legales y sociales relacionadas con el narcisismo parental, mejorando la capacidad de estos profesionales para intervenir de manera informada y sensible.

Evaluación Continua y Adaptación de Estrategias Educativas. La educación sobre el narcisismo parental requiere una evaluación continua y la adaptación de estrategias educativas. La evolución de la comprensión y las necesidades de la sociedad demanda una respuesta ágil y flexible. La evaluación constante asegura que las estrategias educativas sean efectivas y estén alineadas con los desafíos contemporáneos asociados al narcisismo parental.

Educación, desmitificación y acción informada se entrelazan en la lucha contra el narcisismo parental. La educación sobre este fenómeno contemporáneo no solo ilumina la realidad de esta problemática, sino que también empodera a la sociedad y a los profesionales para abordarla con comprensión y eficacia.

9.2. Recursos para Profesionales de la Salud Mental: Herramientas Esenciales en la Prevención y Tratamiento del Narcisismo Parental

Capacitación Especializada en el Abordaje del Narcisismo Parental

La capacitación especializada se presenta como el cimiento para profesionales de la salud mental en el abordaje del narcisismo parental. Programas de formación específicos, talleres y cursos ofrecen a los terapeutas y psicólogos las herramientas conceptuales y prácticas necesarias para entender las complejidades de esta dinámica familiar y desarrollar estrategias de intervención efectivas.

Supervisión Clínica para Casos de Narcisismo Parental

La supervisión clínica específica para casos de narcisismo parental se erige como una herramienta valiosa. La complejidad de estas dinámicas familiares demanda un espacio para la reflexión y consulta con supervisores clínicos experimentados. Esta práctica no solo brinda orientación, sino que también contribuye al desarrollo continuo de habilidades clínicas especializadas.

Protocolos de Evaluación y Diagnóstico Específicos

Disponer de protocolos de evaluación y diagnóstico específicos para el narcisismo parental es esencial. Estos protocolos permiten a los profesionales de la salud mental identificar patrones de comportamiento narcisista y evaluar el impacto en la dinámica familiar. La utilización de herramientas estandarizadas mejora la consistencia y precisión en la evaluación de casos.

Recursos Bibliográficos y Artículos Especializados

La consulta de recursos bibliográficos y artículos especializados actúa como una fuente continua de conocimiento para profesionales de la salud mental. La investigación constante en la literatura académica sobre el narcisismo parental proporciona información actualizada, perspectivas teóricas y estrategias innovadoras que enriquecen la práctica clínica.

Redes de Colaboración con Otros Profesionales y Expertos

La creación y participación en redes de colaboración con otros profesionales y expertos en el campo del narcisismo parental amplían las perspectivas y recursos disponibles. Establecer conexiones con colegas, participar en grupos de discusión y asistir a conferencias permiten compartir experiencias, estrategias exitosas y desafíos, fortaleciendo así la respuesta colectiva ante el narcisismo parental.

Herramientas de Intervención Terapéutica Especializada

El acceso a herramientas de intervención terapéutica especializada es crucial. Estas herramientas pueden incluir enfoques terapéuticos específicos, técnicas de intervención adaptadas y recursos diseñados para abordar los desafíos particulares que presenta el narcisismo parental. La adaptabilidad en las estrategias terapéuticas se convierte en una habilidad esencial.

Formación Continua en Terapias Innovadoras

La formación continua en terapias innovadoras ofrece a los profesionales de la salud mental una perspectiva actualizada sobre enfoques terapéuticos emergentes. Mantenerse informado sobre nuevas tendencias y terapias probadas en casos de narcisismo parental enriquece el repertorio clínico, permitiendo una adaptación efectiva a las necesidades cambiantes de los pacientes.

Consulta con Peritos Forenses en Casos Legales

En situaciones que involucran aspectos legales, la consulta con peritos forenses en casos de narcisismo parental es una práctica valiosa. Estos expertos pueden proporcionar información especializada que respalde el trabajo clínico y facilite la comprensión de los tribunales sobre las complejidades del narcisismo parental. La colaboración entre profesionales de la salud mental y expertos forenses fortalece la respuesta integral.

Participación en Grupos de Supervisión y Discusión Profesional

La participación en grupos de supervisión y discusión profesional ofrece un espacio para compartir experiencias, desafíos y soluciones entre colegas. Estos grupos promueven un ambiente de aprendizaje mutuo y fomentan la colaboración entre profesionales de la salud mental que enfrentan casos de narcisismo parental, contribuyendo así a la mejora continua de la práctica clínica.

Acceso a Recursos de Apoyo Emocional para Profesionales

El acceso a recursos de apoyo emocional para profesionales de la salud mental es esencial en el abordaje del narcisismo parental. Dada la naturaleza desafiante de estos casos, contar con espacios para compartir las experiencias emocionales vinculadas al trabajo clínico se convierte en un componente clave para el bienestar del terapeuta.

Los recursos disponibles para profesionales de la salud mental se entrelazan para formar un conjunto integral de herramientas destinadas a la prevención y tratamiento del narcisismo parental. La capacitación especializada, la supervisión clínica, las redes de colaboración y las herramientas de intervención terapéutica se combinan para fortalecer la capacidad de los profesionales y mejorar la calidad de la atención en este complejo ámbito clínico.

Capítulo 10: Historias de Superación y Resiliencia

En este capítulo veremos como los testimonios del poder humano de enfrentar desafíos extraordinarios, iluminando el camino hacia la recuperación y la transformación después de vivir bajo la influencia del narcisismo nos ayudarán a trabajar en esta temática.

10.1. Testimonios de Personas que Han Superado la Influencia de Padres Narcisistas: Voces de Resiliencia

Estas historias, llenas de resiliencia, nos ofrecen una visión única de los desafíos, las luchas y, finalmente, el triunfo sobre las secuelas emocionales de la crianza narcisista.

Reconociendo el Impacto Inicial de la Influencia Narcisista

Los testimonios revelan un comienzo común: la reconocimiento del impacto inicial de la influencia narcisista. Muchos relatan cómo, en las etapas iniciales de sus vidas, experimentaron confusión, baja autoestima y la sensación de no ser suficientes. La manipulación emocional y la falta de empatía por parte de los padres narcisistas crearon un terreno emocional complejo.

El Proceso de Despertar y Entender la Dinámica Familiar

A medida que estas personas crecieron, el proceso de despertar y entender la dinámica familiar se convirtió en un hito crucial. Muchos relatan momentos de claridad, a menudo desencadenados por experiencias externas o la interacción con figuras de apoyo. Este proceso marcó el inicio de la reconstrucción de su identidad y la comprensión de que merecían una vida libre de la sombra narcisista.

Estrategias de Afrontamiento Desarrolladas de Manera Autónoma

Enfrentarse a la influencia narcisista demandó la adopción de estrategias de afrontamiento desarrolladas de manera autónoma. Los testimonios reflejan una diversidad de enfoques, desde buscar apoyo emocional hasta establecer límites saludables. La creatividad y la determinación de estos individuos emergen como elementos centrales en su camino hacia la recuperación.

Establecimiento de Límites y Priorización del Bienestar Propio

El establecimiento de límites se destaca como una estrategia común entre aquellos que superaron la influencia de padres narcisistas. Aprender a decir "no", poner límites claros y priorizar el bienestar propio se convirtió en un acto liberador. Estos testimonios subrayan la importancia de la autonomía emocional y la capacidad de tomar decisiones alineadas con su propio bienestar.

Búsqueda Activa de Apoyo Profesional y Social

La búsqueda activa de apoyo profesional y social emerge como un hilo conductor en estas historias. Muchos relatan cómo la terapia y la conexión con comunidades de apoyo fueron fundamentales. Estos testimonios subrayan la importancia de contar con un espacio seguro para expresar las experiencias vividas y recibir orientación de aquellos que comprenden la complejidad de la influencia narcisista.

Transformación Personal y Desarrollo de la Autoestima

La transformación personal y el desarrollo de la autoestima son testimonios vívidos de resiliencia. A través de la búsqueda activa de la autoaceptación y el amor propio, estos individuos lograron liberarse de las cadenas emocionales impuestas por la crianza narcisista. Sus historias inspiran a otros a embarcarse en un viaje similar hacia la reconstrucción personal.

Relaciones Saludables y Construcción de Familias Propias

El testimonio de aquellos que superaron la influencia de padres narcisistas a menudo incluye la narrativa de la construcción de relaciones saludables y la formación de sus propias familias. La capacidad de aprender de las experiencias pasadas y aplicar esos aprendizajes en nuevas relaciones demuestra la resiliencia y la habilidad para romper ciclos familiares dañinos.

Inspirando a Otros a Enfrentar y Superar Desafíos Similares

Estos testimonios no solo comparten experiencias personales, sino que también sirven como fuente de inspiración para aquellos que enfrentan desafíos similares. La resiliencia de estos individuos actúa como una luz guía, demostrando que la superación es posible y que la construcción de una vida plena después de la crianza narcisista es alcanzable.

Cierre de Ciclos y Empoderamiento Personal

El cierre de ciclos se convierte en un tema recurrente en estos testimonios. La capacidad de cerrar capítulos dolorosos y avanzar hacia el empoderamiento personal se manifiesta como un logro significativo. Estos individuos, a través de sus historias, transmiten la idea de que el pasado no define su futuro y que la resiliencia puede ser la piedra angular de una vida plena.

Mensaje de Esperanza para Quienes Aún Luchan

En última instancia, estos testimonios transmiten un mensaje de esperanza para aquellos que aún luchan contra la influencia de padres narcisistas. La resiliencia y la capacidad de superar las adversidades emocionales se presentan como un camino posible. Estas historias invitan a quienes están en medio de la lucha a creer en su propia fuerza y capacidad para construir un futuro más saludable y enriquecedor.

10.2. Lecciones Aprendidas y Consejos Prácticos: Sabiduría de Quienes Han Superado la Influencia de Padres Narcisistas

Estas voces de resiliencia no solo comparten sus historias, sino que también ofrecen valiosas lecciones y orientaciones para aquellos que están en el camino de la recuperación.

Cultivar la Autoaceptación y la Autoestima. Una lección central que se destaca es la importancia de cultivar la autoaceptación y la autoestima. Quienes han superado la influencia narcisista enfatizan la necesidad de abrazar su propia valía, independientemente de las expectativas impuestas en la infancia. La construcción de una autoimagen positiva se convierte en un paso esencial hacia la recuperación.

Establecer y Mantener Límites Claros. La lección de establecer y mantener límites claros se presenta como un elemento esencial en el camino hacia la recuperación. Aprender a decir "no" y protegerse emocionalmente es crucial para evitar la manipulación continua. Estos individuos aconsejan que la firmeza en la creación de límites contribuyen significativamente a la preservación de la salud mental.

Buscar Apoyo Profesional y Social de Manera Activa. El consejo práctico de buscar apoyo profesional y social de manera activa resuena en estas historias. La terapia, los grupos de apoyo y la conexión con personas que comprenden las experiencias vividas se convierten en elementos fundamentales. Quienes han superado la influencia narcisista alientan a otros a no temer buscar ayuda y a construir redes de apoyo sólidas.

Aprender a Distinguir Entre la Responsabilidad Propia y la Heredada. La lección de aprender a distinguir entre la responsabilidad propia y la heredada es crucial. Quienes han superado la influencia narcisista comparten cómo, al reconocer que no son responsables de las acciones y actitudes de sus padres, liberaron un peso emocional significativo. Este discernimiento permite una mayor claridad y autonomía.

Desarrollar Resiliencia Frente a la Adversidad. La capacidad de desarrollar resiliencia frente a la adversidad es una lección destacada. Estos individuos enfatizan cómo enfrentar los desafíos y aprender a adaptarse fortalece la resiliencia emocional. La superación de obstáculos se convierte en una fuente de empoderamiento, demostrando que la adversidad puede ser transformada en una oportunidad para el crecimiento personal.

Celebrar Pequeños Logros en el Camino de la Recuperación. El consejo práctico de celebrar pequeños logros en el camino de la recuperación emerge como un recordatorio valioso. Quienes han superado la influencia narcisista resaltan la importancia de reconocer y celebrar cada avance, por pequeño que sea. Estas celebraciones refuerzan la autoestima y motivan a seguir avanzando en la búsqueda de una vida más saludable.

Fomentar Relaciones Saludables y Nutritivas. La lección de fomentar relaciones saludables y nutritivas es una prioridad. Quienes han superado la influencia narcisista aconsejan cultivar conexiones positivas basadas en el respeto mutuo, la empatía y el apoyo. Estas relaciones actúan como un contrapeso a las dinámicas familiares tóxicas, brindando un espacio de crecimiento y sanación.

Practicar la Autocompasión y la Paciencia Consigo Mismo. La importancia de practicar la autocompasión y la paciencia consigo mismo es resaltada como una lección esencial. Superar la influencia de padres narcisistas es un proceso gradual, y estos individuos aconsejan ser amables consigo mismos en momentos de dificultad. La autocompasión se convierte en un faro de luz en el viaje hacia la recuperación.

Embragar el Proceso de Autodescubrimiento Continuo. La lección de abrazar el proceso de autodescubrimiento continuo es destacada por aquellos que han superado la influencia narcisista. La vida es un viaje constante de aprendizaje y crecimiento, y estos individuos alientan a otros a explorar nuevas dimensiones de sí mismos, liberándose de las limitaciones impuestas en la infancia.

Inspirar a Otros Compartiendo sus Experiencias. Finalmente, quienes han superado la influencia narcisista encuentran significado en inspirar a otros compartiendo sus experiencias. La narración de historias de superación no solo es terapéutica para ellos, sino que también sirve como una fuente de esperanza y orientación para aquellos que aún están en proceso de recuperación. El acto de compartir experiencias se convierte en un regalo de resiliencia para la comunidad.

Capítulo 11: Reconociendo y Abordando el Autocuidado en la Travesía hacia la Recuperación

En este último capítulo, exploraremos un aspecto crucial pero a menudo pasado por alto en la travesía hacia la recuperación del narcisismo en los adultos: el autocuidado. A medida que hemos navegado a través de los diferentes aspectos del narcisismo, es esencial detenernos y reflexionar sobre cómo los individuos pueden cultivar prácticas de autocuidado para fortalecer su bienestar emocional y psicológico.

El Papel Central del Autocuidado en la Recuperación

La recuperación del narcisismo no solo implica abordar las dinámicas y patrones en las relaciones, sino también priorizar el bienestar personal. Este capítulo comienza con una exploración de por qué el autocuidado es esencial en el proceso de recuperación, destacando su papel central en el fortalecimiento de la resiliencia y la construcción de una base sólida para el crecimiento personal.

Identificando y Desafiando Creencias Limitantes

El autocuidado comienza con la identificación y el desafío de creencias limitantes arraigadas durante experiencias narcisistas. Este capítulo aborda cómo las personas pueden trabajar para redefinir su percepción de sí mismas, cultivando una autoimagen más saludable y positiva.

Prácticas de Autocuidado: Un Enfoque Holístico

Desde el cuidado físico hasta el bienestar emocional y espiritual, este capítulo explora prácticas de autocuidado en un sentido holístico. Se ofrecen estrategias prácticas y accesibles, desde la incorporación de hábitos saludables hasta la exploración de actividades que nutran el alma y fomenten la conexión consigo mismo.

Estableciendo Límites en el Autocuidado

La habilidad para establecer límites saludables es fundamental en el autocuidado durante la recuperación del narcisismo. Se examina cómo los individuos pueden aprender a decir "no", establecer límites claros en las relaciones y preservar su energía emocional en el camino hacia la sanación.

El Papel de la Comunidad en el Apoyo al Autocuidado

La comunidad y el apoyo social son elementos cruciales en el proceso de autocuidado. Este capítulo destaca la importancia de construir conexiones significativas, compartir experiencias y recibir apoyo de aquellos que comprenden la complejidad de la recuperación del narcisismo.

Comprendiendo la Relevancia del Autocuidado

El camino hacia la recuperación del narcisismo implica, en esencia, una transformación profunda y sostenida. En este contexto, la importancia del autocuidado radica en su capacidad para nutrir y fortalecer a la persona a lo largo de este proceso. Este apartado se inicia con una reflexión sobre por qué el autocuidado no es solo un lujo, sino una necesidad imperativa en la búsqueda de la salud mental y emocional.

El Autocuidado como Acto de Empoderamiento Personal

Abordar el narcisismo requiere un acto valiente de empoderamiento personal. Aquí, se explora cómo el autocuidado se convierte en una herramienta poderosa para reclamar el control sobre la propia vida y redescubrir la autenticidad, permitiendo a los individuos avanzar hacia una versión más fuerte y consciente de sí mismos.

Prácticas Concretas de Autocuidado

Este apartado ofrece una mirada detallada a prácticas concretas de autocuidado que pueden ser incorporadas en la rutina diaria. Desde la atención plena y la meditación hasta la práctica de actividades que nutran la creatividad y la expresión personal, se presentan estrategias concretas para cultivar el bienestar en diferentes dimensiones de la vida.

La Importancia del Autocuidado Físico y Emocional

El autocuidado no se limita a aspectos emocionales; también abarca el bienestar físico. Aquí, se examina la importancia de mantener hábitos saludables, desde la actividad física hasta una alimentación balanceada, como contribuciones esenciales para el cuidado integral de uno mismo.

Superando Obstáculos: La Autoindulgencia como Acto de Amor Propio

El autocuidado a menudo se ve obstaculizado por patrones arraigados durante experiencias narcisistas. Este apartado explora cómo superar la autoexigencia excesiva y abrazar la autoindulgencia como un acto de amor propio, permitiéndose a uno mismo recibir el cuidado y la atención que merece.

Un Compromiso Duradero con el Propio Bienestar. Al concluir este capítulo adicional, se enfatiza la importancia de mantener un compromiso duradero con el propio bienestar. La recuperación del narcisismo es un viaje continuo, y el autocuidado se presenta como una herramienta esencial para cultivar la fortaleza interna necesaria para abrazar un futuro lleno de autenticidad, crecimiento y satisfacción personal.

Conclusión: Hacia un Futuro de Sanación y Empoderamiento

A lo largo de estas páginas, hemos explorado las intricadas dinámicas que caracterizan la crianza bajo la sombra de padres narcisistas. En este viaje, hemos desentrañado las complejidades emocionales y psicológicas que surgen en este entorno, pero también hemos destacado las posibilidades de transformación y crecimiento personal. La conclusión de nuestro recorrido nos invita a mirar hacia adelante, hacia un futuro de sanación y empoderamiento.

En el corazón de este viaje está la inquebrantable resiliencia humana. A pesar de las vicisitudes emocionales y las heridas infligidas por la crianza narcisista, hemos atestiguado cómo muchos individuos han encontrado la fuerza para enfrentar sus experiencias, comprenderlas y, finalmente, buscar la sanación. Esta resiliencia es una manifestación poderosa de la capacidad humana para sobreponerse a la adversidad y emerger fortalecido.

La toma de conciencia y la comprensión profunda de las dinámicas narcisistas son piedras angulares en el camino hacia la sanación. A lo largo de estas páginas, hemos explorado los patrones de comportamiento narcisista, el impacto en los hijos y las estrategias para enfrentar este desafío. En este proceso, los lectores han adquirido las herramientas necesarias para identificar y comprender la influencia narcisista en sus vidas.

El establecimiento de límites saludables se revela como un acto de autoafirmación y protección emocional. Al reconocer la importancia de poner límites claros frente a la manipulación y la falta de empatía, aquellos que han vivido bajo la sombra de padres narcisistas dan un paso crucial hacia la autonomía emocional. Asimismo, buscar apoyo, ya sea a través de la terapia, grupos de apoyo o relaciones significativas, se presenta como una estrategia fundamental para no enfrentar solos los desafíos derivados de la crianza narcisista.

El proceso de cerrar ciclos y sanar heridas es un viaje individual, pero compartido por muchos. Las historias de superación y resiliencia, presentadas a lo largo de estas páginas, no solo inspiran, sino que también señalan que la sanación es posible. Al cultivar la autoaceptación, establecer relaciones saludables y aprender a distinguir entre la responsabilidad propia y la heredada, los individuos han logrado trascender las limitaciones impuestas por la crianza narcisista.

La educación sobre el narcisismo parental no solo sirve como una herramienta de identificación, sino también como un medio para generar conciencia social. Reconocer la influencia del narcisismo en la crianza es el primer paso para desafiar las normas disfuncionales y fomentar un cambio cultural. Este cambio no solo beneficia a los individuos directamente afectados, sino que también contribuye a la construcción de comunidades más comprensivas y solidarias.

La intervención legal y la protección infantil emergen como aspectos cruciales en la creación de un entorno seguro para los hijos de padres narcisistas. Este capítulo no solo aborda los recursos legales disponibles, sino que también destaca la responsabilidad colectiva de la sociedad y los profesionales para garantizar el bienestar de los más vulnerables en estas dinámicas familiares.

Mirar hacia adelante implica no solo reconocer las heridas del pasado, sino también proyectar una visión de futuro basada en la sanación y el empoderamiento. La construcción de relaciones saludables, la búsqueda activa de apoyo emocional y el cultivo de una autoestima sólida son pasos esenciales en este viaje.

En última instancia, "Padres Narcisistas" no solo busca proporcionar conocimientos y comprensión, sino también actuar como un faro de esperanza. Cada palabra escrita tiene la intención de ofrecer una guía para aquellos que buscan superar las secuelas de la crianza narcisista. Este libro es un testimonio de la capacidad humana para transformar el dolor en crecimiento, la confusión en claridad y la adversidad en resiliencia.

Al cerrar estas páginas, llevamos con nosotros la certeza de que el futuro puede ser moldeado por las elecciones que hacemos hoy. Que cada lector encuentre en estas palabras no solo una reflexión sobre el pasado, sino también un mapa para el viaje hacia un futuro de sanación y empoderamiento. La resiliencia es la brújula que guía este camino, y la promesa de un mañana más luminoso es la estrella que ilumina el horizonte. Que la sanación y el empoderamiento sean las llaves que abran las puertas hacia un futuro pleno de posibilidades y bienestar emocional.

Don't miss out!

Visit the website below and you can sign up to receive emails whenever Publicaciones Alejandría publishes a new book. There's no charge and no obligation.

https://books2read.com/r/B-A-KASCB-GJDUC

Connecting independent readers to independent writers.

Did you love *Padres Narcisistas: El Desafío de Ser Hijo o Hija de un Padre Narcisista, y Cómo Superarlo. Una Guía para Sanar y Recuperarse Después del Abuso Encubierto*? Then you should read *Relaciones Narcisistas: Superar la Codependencia, Establecer Límites y Reparar Relaciones Románticas en un Mundo Intenso*[1] by Olivia I. Thigpen (ESP)!

¿Te sientes atrapada o atrapado en una relación donde tu voz parece apagarse? Descubre cómo liberarte de patrones tóxicos y reconstruir relaciones saludables con "Relaciones Narcisistas: Superar la Codependencia, Establecer Límites y Reparar Relaciones Románticas en un Mundo Intenso".

Este libro es una guía comprensiva que desentraña los complejos entramados de las relaciones narcisistas y cómo escapar de su ciclo destructivo. **Explora estrategias prácticas respaldadas por la psicología para recuperar tu autonomía, restaurar tu autoestima y establecer límites saludables.** Desde identificar los signos de una relación narcisista hasta aprender a priorizarte y

1. https://books2read.com/u/m26VBR

2. https://books2read.com/u/m26VBR

sanar tus heridas emocionales, cada capítulo ofrece herramientas poderosas para navegar por la codependencia y transformar tus relaciones.

A través de estudios de casos, ejercicios de reflexión y consejos expertos, este libro te empodera para reconocer patrones dañinos, fomentar una autoaceptación profunda y construir conexiones amorosas basadas en el respeto mutuo. Descubre cómo recuperar el control de tu vida amorosa y avanzar hacia relaciones que nutran tu crecimiento personal.

"Relaciones Narcisistas" es una brújula vital para quienes buscan liberarse de relaciones tóxicas y embarcarse en un viaje hacia la autoestima y el amor propio.

¡Es hora de redescubrir el poder dentro de ti y construir relaciones que florezcan en un mundo lleno de intensidad emocional!

Read more at https://oliviatda.com/.

Also by Publicaciones Alejandría

Aprende a Administrar el Dinero: Educación Financiera desde Niños o Adolescentes. Cómo enseñar a tus hijos a Ahorrar, Gastar e Invertir de Forma Inteligente
Hipnosis Extrema de Pérdida de Peso Rápida para Mujeres: Aprende como Perder Peso con Hipnosis y Poder Mental
Madres Narcisistas: La Verdad sobre ser Hija de una Madre Narcisista y Cómo Superarlo. Una Guía para Sanar y Recuperarse tras el Abuso Narcisista.
Padres Narcisistas: El Desafío de Ser Hijo o Hija de un Padre Narcisista, y Cómo Superarlo. Una Guía para Sanar y Recuperarse Después del Abuso Encubierto

About the Author

En Publicaciones Alejandría, nos dedicamos a ofrecer obras de calidad respaldadas por expertos especializados en diversos temas. Nuestro compromiso con la excelencia se refleja en cada libro que publicamos. Colaboramos estrechamente con autores apasionados para brindarte una amplia gama de conocimientos en diversas áreas. Nuestra misión es proporcionarte lecturas valiosas y enriquecedoras que alimenten tu curiosidad y te inspiren a sumergirte en el fascinante mundo del saber. ¡Bienvenido a un viaje constante de descubrimiento!

Milton Keynes UK
Ingram Content Group UK Ltd.
UKHW040254130224
437701UK00009B/436

9 798224 784004